Hand-Lettering

Das Ausmal-Buch

Das Material Farbstifte

Manche sagen Buntstift, andere Farbstift. Gemeint sind aber genau die gleichen Stifte. Die meisten Farbstifte sind – ihrer Farbmine entsprechend – außen bunt lackiert. Der wichtigste Inhaltstoff sinddie Pigmente, die beispielsweise aus Tonerde, Metallen, Pflanzen oder Gestein gewonnen werden. Heutzutage stammen viele Pigmente aus synthetischer Herstellung. Sie werden mit Fetten, Ton, Wachs, Talkum und verschiedenen Bindemitteln gemischt, anschließend gepresst und weiter verarbeitet.
Beim Stiftekauf sollte man immer darauf achten, dass die Mine in der Mitte liegt, sonst kann es passieren, dass der Stift im Anspitzer nicht richtig gespitzt wird. Farbstifte gibt es von den unterschiedlichsten Herstellern in weicher, mittlerer und harter Qualität. Gute Stifte haben eine hohe Farbintensität (viele Pigmente) und lassen das Bild leuchten. Auch wenn der Kauf preisgünstiger Stifte verführerisch erscheint, sollte man doch immer für ein gutes Ergebnis auf Künstlerfarbstifte aus dem Fachgeschäft zurückgreifen.

Tipp

Je weicher der Stift, desto leichter lässt er sich auf das Papier bringen. Aber man sollte auch beachten, dass ein weicher Stift schneller abbrechen kann als ein härterer.

Farbauswahl

Farbverlauf von hell nach dunkel

Faserstifte

Faserstifte gibt es in sehr unterschiedlichen Qualitäten. Achten Sie beim Kauf auf hochwertige Stifte, die nicht durchschlagen. Faserstifte haben einen kräftigeren und satteren Farbauftrag als Buntstifte. Für Farbabstufungen benötigen Sie im Normalfall mehrere Stifte in verschiedenen Schattierungen.

Kalte Farben

Zu den kalten Farben zählen vor allem Blau, aber auch bläuliche Grün- und Violetttöne. Sie haben einen beruhigenden und entspannenden Effekt, können aber auch unnahbar wirken. Nutzen Sie solche Farben für Bilder, die eine Auszeit von der alltäglichen Hektik bieten sollen und lassen Sie die Farben auf sich wirken.

Warme Farben

Alle gelben, orangen und roten Farben sowie rötliche Violetttöne sind warme Farbtöne. Sie wirken aktivierend und anregend. Die Verwendung solcher Farben hilft Ihnen, Kraft zu schöpfen und Energie zu tanken.
Auch Braun wird oft als warm empfunden, hat jedoch eher eine beruhigende Wirkung.

Kräftige Farben

Wenn Sie mit dem Buntstift aufdrücken oder mit dem Farbstift mehrmals über eine Fläche streichen, wird die Farbe dadurch kräftiger, dass mehr Farbpigmente übertragen werden. Kräftige Farben erwecken mehr Aufmerksamkeit als zarte – heben Sie wichtige Aspekte des Bildes dadurch hervor. Grundsätzlich wirken kräftige Farben wärmer, sie können aber auch fast aggressiv sein.

Zarte Farben

Durch ganz leichtes Schraffieren scheint noch viel vom Weiß des Papieres durch und die Farbe wirkt zart und pastellig. Solche Farben erinnern an den Frühling und wirken freundlich und einladend. Kalte Farben werden jedoch in ihrer Wirkung verstärkt. Leicht schraffiert lenken weniger wichtige Details des Bildes nicht vom Fokus ab.

ALL YOU NEED
IS
Love

AUF DIE PLÄTZE

glücklich

LOS

Bei
REGEN
werden wenigstens die
Schaukeln frei

DU BIST MEIN
HEIMATHAFEN

ICH,
DU,
Passt!

ICH · HABE · KEINE · MACKEN!
Das
sind
Special
EFFECTS

ICH
schnarche
NICHT
ich
Schnurrle

IM
HERZEN
BARFUß

KEINE SORGE
ICH
nerve
NUR DIE, DIE ICH
MAG

LIVE
laugh
LOVE

ICH HABE
Meerweh

MIT LEEREM
HIRN
SPRICHT MAN
nicht

Nicht mein
ZIRKUS
Nicht meine
AFFEN

REGEN
DAS
KONFETTI
des
Himmels

sei wie eine
A
NA
NAS
Stehe aufrecht, trage eine Krone
und sei innen ganz süß

to the
moon
AND
BACK

Welcome
HOME

WER
schön
SEIN WILL
muss
lachen

LASS' DAS
Abenteuer
BEGINNEN

LASS MAL
AN
uns
selber
GLAUBEN

AUS
Zeit

C'est
la
vie

Je größer der
DACHSCHADEN
DESTO BESSER DER
BLICK
auf die
STERNE

Dieses
Kribbeln
im
Bauch

Enjoy
THE
little
things

es wär schon
SCHÖNER
wenn es
schöner
wär

frech?
ICH NENNE DAS
verbal
ÜBERLEGEN

glück
lich

HÖR AUF DEIN
HERZ

NO RAIN
no flowers

Sei kein
FROSCH

Smile

TANZ
aus der
REIHE

... UND JEDEM

Anfang

WOHNT EIN

Zauber

INNE.

GRÜNER
WIRD'S
NICHT

DU VERLIERST
NIE
mal
GEWINNST DU
und mal
LERNST DU

ICH BRAUCHE KEINEN

MITTELFINGER

ICH KANN DAS MIT DEN

AUGEN

Illustrationen: Ludmila Blum
Produktmanagement: Nina Armbruster
Satz: David Horstmann
Druck: DZS Grafik, Slowenien

1. Auflage 2018

ISBN 978-3-7724-8340-0
Best.-Nr. 8340